VENTE

DE

TABLEAUX ANCIENS

Mᵉ **CHARLES PILLET**, Commissaire-Priseur.

M. FEBVRE, Expert.

CATALOGUE

D'UNE COLLECTION

DE

TABLEAUX

ANCIENS

Des Écoles Hollandaise, Flamande, Française, Italienne
Espagnole et Allemande

COMPOSANT LE CABINET DE M. L***

DONT LA VENTE AUX ENCHÈRES PUBLIQUES AURA LIEU

Par suite de liquidation

HOTEL DES COMMISSAIRES-PRISEURS,

RUE DROUOT,

SALLE N° 5,

Les Vendredi 21 et Samedi 22 Novembre 1856, à 1 heure.

Par le ministère de Me **CHARLES PILLET**, C^{re}-Priseur,
Successeur de M. BONNEFONS DE LAVIALLE,
rue de Choiseul, 11,

Assisté de M. **FEBVRE**, Expert, rue de Choiseul, 13,

CHEZ LESQUELS SE DISTRIBUE LE PRÉSENT CATALOGUE.

EXPOSITION PUBLIQUE

Le Jeudi 20 Novembre 1856, veille de la vente, de midi à 5 heures.

PARIS
MAULDE ET RENOU
IMPRIMEURS DE LA COMPAGNIE DES COMMISSAIRES-PRISEURS,
rue de Rivoli, 144.

1856

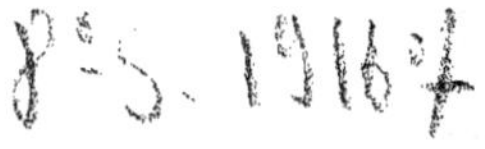

CONDITIONS DE LA VENTE

Elle sera faite au comptant.

Les acquéreurs payeront. en sus des adjudications, cinq centimes par franc, applicables aux frais.

Deux cents Tableaux environ composent la Collection décrite au présent Catalogue. Depuis longtemps la plus grande partie est entre les mains du propriétaire, elle a été augmentée depuis lors par de bonnes toiles achetées dans les meilleures ventes. Une liquidation de famille, par suite de décès, détermine la vente aux enchères publiques, qui se fera sans restriction. Malgré le mérite réel de cet ensemble artistique, nous nous sommes renfermé dans la description la plus simple et dans les attributions les plus modestes, convaincu que les éloges pompeux n'ont aucune influence sur le public connaisseur.

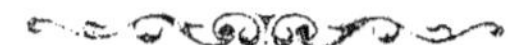

DÉSIGNATION

DES TABLEAUX

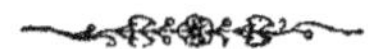

ÉCOLES FLAMANDE ET HOLLANDAISE.

ARTOIS (Jacques Van).

1 — Paysage boisé avec terrains éboulés.

ASSELYN (Jean).

2 — Paysage. A droite est une hôtellerie et l'entrée
d'une ville italienne; au centre, une route
avec villageoise causant avec des paysans.

3 — Voyageurs et Bohémiens arrêtés à la porte d'une
hôtellerie.

BAKHUYSEN (Ludolphe).

4 — Vue du port et de la ville de Rotterdam. Sur un
quai, qui occupe le premier plan, sont des
marins assis et causant.

BALEM (Van) et BREUGHEL.

6 — Accablées par les fatigues de la chasse, trois
    nymphes de Diane sont endormies à l'entrée
    d'un bois ; deux Satyres indiscrets semblent
    vouloir troubler leur sommeil ; sur la droite,
    sont les trophées de la chasse ; dans le fond,
    un Amour arrête une meute. Cette scène se
    passe au milieu d'un charmant paysage, qui
    est du plus beau faire de Breughel.

BEERESTRAATEN.

7 — Port de mer italien.

BEGYN (Abraham).

8 — Animaux, les uns debout et les autres couchés
    dans un pâturage hollandais ; soleil couchant.

BERGEN DRICK (Van).

9 — Campagne accidentée, au centre de laquelle sont
    des animaux gardés par une paysanne.

BOTH (Jean), dit Both d'Italie.

10 — Campagne italienne éclairée par les derniers
     rayons du soleil. A droite est l'entrée d'un
     bois, bordé d'une route, sur laquelle passent
     des troupeaux conduits par des pâtres. Près
     d'un rocher, une femme assise cause avec un
     paysan. A l'horizon, montagnes vaporeuses.
     Cette production réunit toutes les qualités
     qu'on recherche dans les œuvres de cet émi-
     nent artiste.

BRAKENBURG.

11 — Intérieur hollandais. Dans la salle basse d'une hôtellerie est une réunion de fumeurs et de buveurs; leur gaieté est troublée par l'arrivée d'un chef de police , qui ordonne à ses gens d'arrêter la servante et la maîtresse de la maison. Composition capitale, digne du pinceau d'Ostade.

BRIL (Paul).

12 — L'Echelle de Jacob.

DECKER (François).

13 — Paysage hollandais avec moulin à eau.

DEVRIÈS.

14 — Canal hollandais baignant l'entrée d'un village; à droite est un moulin à eau , couronné par des arbres touffus.

DYCK (Antoine Van).

15 — La Madeleine repentante, provenant de la vente de la comtesse Du Cayla. (Offert à cette dame par Louis XVIII.)

16 — Le corps inanimé du Sauveur est étendu sur un linceul. Autour de lui sont en contemplation la Vierge , saint Antoine et un Ange.

DYCK (D'après Antoine Van).

17 — Jésus debout est soutenu par la Vierge Marie.

EECKHOUT (Gerbrand Van).

18 — La Fuite en Egypte.

ES (Jacques Van).

19 — Divers accessoires et des oiseaux morts sur une table.

EVERDINGEN (Jean Van).

20 — Paysage, site norvégien.

> Au milieu de rochers qui occupent la gauche de la composition, s'élève un moulin à eau, dont les cascades tombent au milieu de broussailles et de troncs d'arbres coupés; sur le devant, des massifs près desquels des bergers gardent leurs troupeaux.

21 — Paysage avec cascade tombant entre des rochers.

EYCK (Attribué à Jean Van).

22 — La Madeleine aux pieds du Sauveur chez Simon le Lépreux.

> Ce tableau, par la correction de son dessin et l'entente de la perspective, nous semble sortir de la main de l'inventeur de la peinture à l'huile. On y rencontre partout la vivacité des couleurs qui distingue ce célèbre artiste.

VAN FALENS, d'après Wouwermans.

23 — Composition connue sous le titre : le Pot au lait renversé.

FRANCK (FRANÇOIS).

23 bis — La Nativité.

HEEM (DAVID DE).

24 — Fruits sur une table couverte d'un tapis de velours.

HELST (BARTHÉLEMY VAN DER).

25 — Portrait de la mère de Rembrandt.

HELTS (GUILLAUME VAN), 1677, signé.

26 — Pêches, noix et raisins.

HEUSCH (GUILLAUME DE)

27 — Muletier sur une route bordant un précipice autour duquel sont des arbres éclairés par les derniers rayons du soleil.

HONDEKOETER (MELCHIOR).

28 — Intérieur de parc. Près d'un mur est une poule blanche entourée de ses poussins; d'autres poules, un coq et des oiseaux complètent cette production, qui fixera à juste titre l'attention des connaisseurs.

HOUET (GÉRARD).

29 — Lapidation de saint Étienne.

HUYSUM (Jean Van), signé.

30 — Belles fleurs contenues dans un vase posé sur une table de marbre.

31-32 — Deux ravissants tableaux représentant des groupes de fleurs et de fruits.

JEANSENS (Corneille).

33 — Portrait de l'amiral de Witt, frère du grand-pensionnaire de Hollande.

34 — Portrait de la femme du précédent.

KUILENBURG (Abraham).|

35 — Dans une grotte est la Madeleine en prières ; un groupe d'anges qui voltigent au-dessus de sa tête chantent les louanges du Seigneur.

LAMBRECH.

36 — Mascarade et concert.

LIEUVEN (A.).

38 — Paysage composé dans la manière de Wynants.

MARCELLIS (Otto).

39 — Champignons et plantes autour desquelles rampent ou voltigent des reptiles, des papillons et des insectes.

MAAS (Nicolas).

40 — Chambre hollandaise au milieu de laquelle une
jeune servante écoute le babillage d'un per-
roquet.

Composition traitée dans la manière de
Pierre de Hooghe.

METZU (D'après)

41 — Intérieur d'habitation, où l'on voit un officier
hollandais adressant des propos galants à une
jeune femme.

MIÈRIS (François).

42 — Courtisane buvant à la santé d'un cavalier assis près d'une table sur laquelle sont des
gauffres.

Tableau connu sous le titre : les Gauffres
hollandaises.

MOOR (Carle de).

43 — Intérieur d'un appartement hollandais.

Le maître de la maison est occupé à fumer ;
il est assis près de sa femme et de ses enfants.

MOUCHERON (Frédérick).

44 — Paysage boisé, avec cascades tombant entre des
rochers.

44 bis — Paysage mythologique. Personnages attri-
bués à Van den Velde.

MOUCHERON et Van der BENT.

45 — Paysage hollandais.

Près d'un bois sont deux vaches debout et
des moutons au repos ; des montagnes vapo-
reuses bornent l'horizon.

NEER (Van der Adrien).

46 — Paysage avec rivière ; effet de lune.

NETSCHER (Gaspard).

47 — Dans un parc on voit une dame hollandaise as-
sise près d'un arbre ; autour d'elle sont grou-
pés ses enfants richement costumés.

48 — Portrait d'un magistrat hollandais.

49 — Portrait de femme ; pendant du précédent.

NICOLIÉ (J.-C.).

50 — Intérieur de la cathédrale de Sainte-Gudule, de
Bruxelles.

NYMEGEN (Guillaume).

51 — Entrée de forêt avec route sur laquelle chemi-
nent des voyageurs.

OSTADE (Adrien Van).

52 — Fumeur à une croisée.

OSTADE (Isaac Van).

53 — Intérieur rustique dans lequel sont des paysans
et un joueur de vielle.

PEETERS (Bonaventure).

54 — Mer hollandaise.

POELENBURG (Corneille).

55 — La Sainte Famille se repose au milieu d'un
paysage montagneux.

POTTER (Genre de PAUL).

56 — Animaux dans une prairie.

PORBUS (FRANÇOIS).

57 — Portrait d'un gentilhomme.

REMBRANDT (D'après).

58 — Portrait de l'artiste.

ROTHENAMER.

59 — Danse villageoise.
60 — L'enlèvement d'Europe.

RUBENS (D'après).

61 — Jésus, saint Jean et l'agneau pascal.

RUISDAEL (JACQUES).

62 — Coup de soleil éclairant un bras de mer, sur
lequel voguent des embarcations; le ciel
chargé de nuages annonce un orage pro-
chain.

63 — Paysage offrant à gauche des massifs d'arbres
formant l'entrée d'un bois; à droite est une
chaumière; au centre une cascade tombe
entre des pierres; au-dessus s'élève un gros
arbre au tronc pittoresque.

STORCK (Genre de).

64 — Marine avec plage.

SWANEVELD (Herman).

65 — Paysage boisé, avec berger gardant un troupeau (rappelant les compositions de Claude Lorrain).

TERBURG (Gérard).

66 -- Sur la terrasse d'une riche habitation, un bourgeois hollandais joue de la guitare ; debout, près de lui, une dame l'écoute avec intérêt ; dans le fond est un riche parc.

THULDEN (Van).

67 — Riche composition représentant une chasse au bœuf sauvage.

Ce tableau rappelle le faire et la belle couleur de Rubens.

TOL (Dominique Van).

68 — La souris prise.

TENIERS (David).

69 — Environs d'Anvers.

Le château de l'artiste domine un monticule qui occupe le fond ; sur le devant, bergers et paysans causant.

TENIERS père.

70 — Intérieur de cellier dans lequel est un paysan donnant à manger à des poulets.

VELDE (Attribué à Van de).

70 bis — Paysage marine.

VERKOLIE (Jean).

71 — Mars et Vénus.

VINTRANCK.

72 — Sur le bord d'un marais, un héron, un cygne
et des canards fuient à l'approche d'un
chasseur.

VLIEGHER (Simon de).

73 — Flotte hollandaise en rade.

WOUVERMANS (D'après Pierre).

74 — L'abreuvoir.

WYNANTS (D'après Jean).

75 — Paysage avec rivière ; à gauche s'élève un bel
arbre au bas duquel croissent des plantes et
des arbustes.

ZEEMAN (Isaac).

76 — Vue intérieure d'une des rues de Rotterdam
aboutissant à un canal chargé d'embarcations.

77 — Tableau signé Ruysdael. Site hollandais avec
digues et rivière serpentant au milieu d'un
paysage ombragé.

ÉCOLE FRANÇAISE.

BERRÉ (Attribué à).

78 — Chèvre dans un paysage.

BOUCHER (François).

79 — Les Oies du frère Philippe.
    Ravissant dessin.

BOUCHER (Attribué à).

80 — Nymphe jouant avec des Amours.

81 — Flore et l'Amour.

CHARLIER.

82 — Vénus sur les eaux.

CHARDIN (D'après).

83 — La mère laborieuse.

84 — Les soins maternels.

DAVID (Tableau signé).

85 — La mort d'Hector.
    Composition capitale.

DESPORTES (François).

86 — Paysage avec chien d'arrêt, gibier mort et accessoires de chasse.

DROLING.

87 — Mendiante et jeune garçon arrêtés à la porte d'un marchand.
    Ravissante production du maître.

EISEN (François).

88 — Amours jouant avec des canards.

GABÉ.

— Conversation galante.

GREUZE (Attribué à).

90 — Jeune fille.
91 — Jeune moine.

GREUZE (École de).

92 — Étude d'Amour.

GRIMOUX (Jean).

93 — Portrait de Rembrandt.

Mᵐᵉ HAUDEBOURT-LESCOT.

94 — Amy Robsard et Leicester.
      Aquarelle.

HILAIR.

95 — La bonne mère.
96 — Jeune femme couronnée par l'Amour.

JANINET 1786 (Signé).

97 — La comparaison.
      Dessin.

JOUVENET (Jean).

98 — La Circoncision.

LACROIX.

99 — Port de mer et entrée de ville.
100 — Mer houleuse ; à droite, des falaises ; sur le
       devant, des marins s'occupent d'un sauve-
       tage.

LANCRET (Nicolas).

101 — Intérieur. Jeune femme offrant à déjeuner à un abbé.

LANCRET (École de).

102 — Concert champêtre.

LARGILLIÈRE (Nicolas).

103 — Portrait présumé être celui de Le Brun.
104 — Portrait de Regnard.

LATOUR.

105 — Portrait de Madame Carlin Bertinazzi, de la comédie italienne.

LEBRUN.

106 — La famille de Darius aux pieds d'Alexandre.

LEBRUN (attribué à).

107 — Jésus au jardin des Oliviers.

Mme LEBRUN (Elisabeth Vigié).

108 — Portrait de Mlle de L'Espinasse, auteur, amie de d'Alembert.

Mme LEBRUN (attribué à).

109 — Portrait présumé du dauphin Louis XVII.

MIGNARD (Pierre).

110 — Jésus tient entre ses mains la boule du monde.
111 — Portrait de Madame de Maintenon.

MILÉ (Francisque).

112 — Vue de l'ancien Tusculum, aujourd'hui Fras-
cati, avec sujet ayant trait à la vie de Noé.

MORLAND.

113 — Les petits maraudeurs (gravé.)

NODE (Charles), de Montpellier.

114 — Fleurs et fruits dans un paysage.

PRUD'HON (Pierre attribué à).

115 — Daphnis et Chloé.

PAGNEST.

116 — Portrait de l'artiste.

ROBERT (Hubert).

117 — Labyrinthe de l'ancien parc de Marly.
118 — Vue de l'arc de Vespasien à Rome.

STELLA (Jacques).

119 — Agar secourue par l'ange.

THIERRIÉ.

120 — Paysage. Environs de Paris.

TOURNIÈRES (Robert).

121 — Portrait du financier Law, contrôleur général
de la Banque.

VALIN.

122 — Bacchus et Ariane.

VANLOO (Carle).

123 — Portrait de l'empereur Léopold d'Autriche.

VANLOO (Charles-Amédée).

124 — Portrait de la reine Sophie-Dorothée de Prusse, mère du grand Frédéric.

VERNET (Joseph).

125 — Cascatelles de Tivoli. Sur le devant, pêcheurs et femmes assises.

WATTEAU (Antoine).

126 — Jeunes femmes et cavaliers assis sur l'herbe, se reposant des fatigues de la chasse.

DU MÊME (École).

127 — L'île de Cythère.

WATELET.

128 — Paysage. Site normand ; à droite s'élève une église. Dans le fond est la mer.

TANNEUR.

129 — Vue près de Newcastel.

ÉCOLES ITALIENNE ET ESPAGNOLE.

ALBANE (François).

130 — Tobie et l'Ange arrivés près d'une rivière; le jeune Tobie retire du poisson le fiel qui doit rendre la vue à son père.

GIORDANO (Luca).

131 — Loth et ses filles.

LUINI (Bernardino).

132 — Jésus embrasse le petit saint Jean.

MARATI (Carlo).

133 — La Sainte Famille, gracieuse composition.

PIOMBO (Sébastien de).

134 — La Vierge aux mains jointes.

PONTORME (Jacques).

135 — Portrait de Benedetto Varchi, historien de Florence.

PRIMATICE (François).

136 — Portrait de Diane de Poitiers.

RAPHAEL (D'après).

137 — Ancienne reproduction de la Vierge à l'œillet de la galerie Borghèse.

RICCI (Sébastien).

138 — Deux compositions, sujets tirés de la Jérusalem délivrée. Combat entre Clorinde et Tancrède ; Clorinde délivre Olinde et Sophrosine.

ROSA de TIVOLI.

140 — Pâtres italiens conduisant leurs troupeaux.

ROSA (Salvator).

141 — La tentation de saint Antoine. Une troupe de démons sous les formes les plus bizarres en‑tourent le saint ermite ; non loin de là des jeunes femmes cherchent à le tenter ; dans le fond est une grotte embrasée, de laquelle sortent d'autres esprits infernaux.

TIEPOLO.

142 — La fille de Pharaon sur les bords du Nil est entourée de ses femmes qui retirent des eaux le berceau contenant Moïse.

VECELLIO (Marco).

143 — Les filles de Niobé frappées par les flèches d'Apollon.

VERROCHIO (André.)

144 — La Vierge tient sur ses genoux son fils bien‑aimé, auquel elle présente une pomme.

ZAMPIERI, dit le DOMINIQUIN.

145 — Les apôtres sont endormis dans le jardin des Oliviers. Jésus, retiré sur une colline, est agenouillé. Un ange lui apparaît et lui donne des consolations.

ZUSTRIS (Lambert).

146 — Vénus couchée.

CERESO (Matheo).

147 — Vision de saint Jérôme.

148 — Madeleine en méditation.

MORALÈS le divin.

149 — Un juge de Pilate présente au peuple Jésus couronné d'épines et couvert d'un manteau écar-
late.

VÉLASQUEZ (attribué à).

150 — Portrait de l'infante Anne d'Autriche, fille aî-
née de Philippe IV et femme de Louis XIII.

ÉCOLE ALLEMANDE.

DENNER (Balthazar).

151 — Tête de vieillard. Il est représenté à mi-corps, la
tête nue, le menton couvert d'une barbe
blanche; de nombreuses rides sillonnent son
visage, qui porte l'empreinte de la bonté.

DURER (Albert, école de).

152 — Figure allégorique du désordre.

KRANACH (Lucas).

153 — Portrait de Luther.

INCONNUS.

154 — Ours dans leur tanière.

155 — Élans dans un paysage.

156 — 2 volets de Triptyque représentant des sujets de
la Passion.

MEYERHEM (d'après).

157 — Jeunes pensionnaires taquinant un jardinier.

PAR UN ARTISTE MODERNE.

158 — Ondine couchée.

159 — Sous ce numéro , environ trente tableaux non
catalogués.

Aucun Tableau étranger n'a été admis à cette
vente.

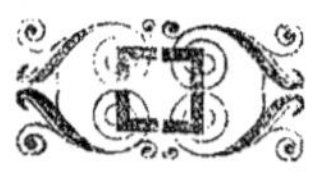

MAULDE ET RENOU, IMPRIMEURS DE LA COMPAGNIE DES COMMISS⁻-PRISEURS,
RUE DE RIVOLI, 144.   10172

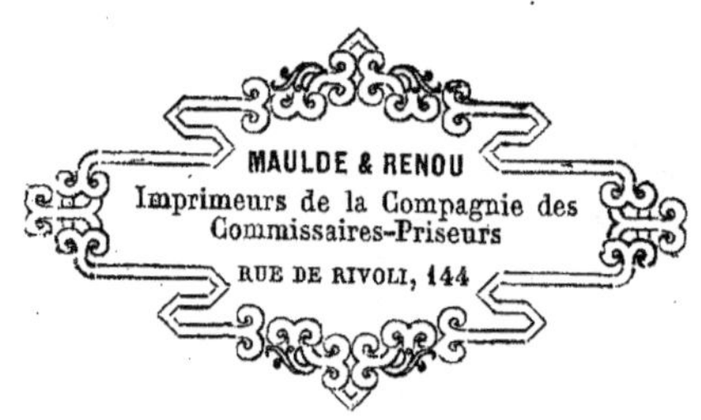